桥艺测试第一辑③

安全打法测试

[英]大卫·伯德
[澳]蒂姆·伯克 著
连若旸 康蒙 黄水怒 译

成都时代出版社

四川省版权局
著作权合同登记章
图进字 21-2015-177 号

图书在版编目（CIP）数据

安全打法测试 /（英）伯德，（澳）伯克著；连若旸，康蒙，黄水怒译.
-- 成都：成都时代出版社，2015.12
（桥艺测试. 第一辑）
ISBN 978-7-5464-1495-9

Ⅰ. ①安… Ⅱ. ①伯… ②伯… ③连… ④康… ⑤黄…
Ⅲ. ①桥牌-基本知识 Ⅳ. ①G892

中国版本图书馆 CIP 数据核字（2015）第 230258 号

桥艺测试第一辑③. 安全打法测试

QiaoYi CeShi DiYiJi ③. AnQuan DaFa CeShi

[英] 大卫·伯德 [澳] 蒂姆·伯克 著

连若旸 康 蒙 黄水怒 译

出 品 人 石碧川
责任编辑 曾绍东
封面设计 陈二龙
版式设计 陈二龙
责任校对 陈 硕
责任印制 干燕飞

出版发行 成都时代出版社
电 话 （028）86619530（编辑部）
（028）86615250（发行部）
网 址 www.chengdusd.com
印 刷 三河市华晨印务有限公司
规 格 140mm×215mm 1/32
印 张 13.4375
字 数 430 千字
版 次 2015 年 12 月第 1 版
印 次 2015 年 12 月第 1 次印刷
印 数 1-5000 册
书 号 ISBN 978-7-5464-1495-9
全套定价 76.00 元（共四册）

目录 Content

如何实施安全打法

“安全打法”有多重含意。但就单套结构而言，安全打法是指以最安全的方式获取所需数目的赢墩。例如，下面所示的黑桃套：

♠A J 6 2

♠K 7 4

如果需要全部四墩黑桃，你就兑现♠K 然后用♠J 飞牌。当西家有♠Q 并且这门花色是 3–3 分布，你就获得成功。如果为了完成定约在这门花色只需要三墩，你就应该使用安全打法。你首先兑现♠A 和♠K，如果♠Q 没有出现，你就在第三轮对着♠J 引小牌。相比上述全取四墩的打法，这种打法更为安全，因为即便东家持♠Q×，你同样可以完成定约。

单套结构的“完美的安全打法”是指，无论敌方的牌张如何分布，你都可以确保成功。下面是一个简单的例子：

♡A Q 10 7 3

♡K 9 6 2

为了确保在这门花色全取五墩，你应该首先兑现♡A（或♡Q）。无论哪一个防家显示持♡J854，你都可以针对♡J 进行飞牌。如果你错误地在第一轮兑现♡K，当东家持有所缺的全部四张红心时，你就不得不丢掉一墩。

如果对上述局势非常熟悉，那么毫无疑问，你应该了解下面的局面——但在本例中并不存在完美的安全打法：

♡AQ962

♡K854

如果东家持有♡J1073，你就不可能在不输掉一墩的情况下建立这门花色。为了在西家持有全部四张红心的情况下获得成功，你必须在第一轮兑现♡K。明手还有♡AQ9位于西家的♡J107后面，你可以全取五墩红心。

上述两个例子表明安全打法并没有什么一般原则。例如，如果你认为“首先兑现有两个大牌一手中的一个大牌”，那么你在第一个牌张组合上就是正确的，而在第二个组合中就是错误的。

如果“安全打法”是相对整个牌局而言，那么它就意味着以最安全的方式完成定约——所采取的做庄路线有最大的成功机会。有些情况下你需要观察到“额外机会”，也就是在不影响主要打法的情况下，增加成功机会的附加打法。下面是一个简明扼要的牌例：

	♠K 10 5 4 ♡A Q 6 ◇10 8 6 2 ♣K Q	
♠8 2 ♡J 9 4 2 ◇Q J 5 ♣J 10 9 5		♠3 ♡K 10 8 3 ◇9 7 4 3 ♣A 7 6 4
	♠A Q J 9 7 6 ♡7 5 ◇A K ♣8 3 2	

防守你的6♠西家首攻♣J。梅花输墩不可避免，看上去完成定约依赖于红心飞牌成功。很可能是这样，但你首先可以探查一个微小的额外机会。假设东家吃住首攻后转攻方块。暗手以◇A吃住后清两轮将牌，随后兑现◇K，西家跟出◇J。以♣Q进入明手将吃第

三轮方块没有任何损失。西家在第三轮跟出♢Q因而明手的♢10已经成为赢墩！你可以垫掉暗手的红心输墩——虽然没有进行红心飞牌，但你同样完成了满贯定约。

正如你看到的那样，上述打法是“额外机会”。如果没有任何一个防家持♢QJ×，而这是更可能发生的情况，完成定约仍然需要进行红心飞牌。

有时候你的最佳打法是在一门花色上采用次佳的打法——但这种打法可以确保不丧失出牌权，从而防守方就没有兑现赢墩的机会。如果第一个机会不成功，你还可以在另外一门花色上尝试第二个机会。通过结合两个机会，你增加了完成定约的整体概率。在下面的牌例中，你首先在将牌上使用次佳的打法，然后结合一门边花上的机会：

	North	
	♠10 6 4 ♡A 6 ♢K Q J 10 3 ♣A 6 4	
West ♠K Q J 2 ♡Q 8 4 ♢9 8 2 ♣10 7 3	N / W E / S	**East** ♠9 5 3 ♡9 2 ♢7 5 4 ♣Q J 9 8 2
	♠A 8 7 ♡K J 10 7 5 3 ♢A 6 ♣K 5	

防守你的6♡定约西家首攻♠K。你用♠A吃住首攻，随后必须决定如何处理将牌。通常情况下，你首先兑现♡A，然后以♡J飞牌，这也是吃到六墩将牌的最佳打法。然而，如果从整个牌局考虑，采用这个打法却并非最佳选择。如果你采取将牌飞牌并且失败，西家就可以兑现两个黑桃赢墩，从而使得定约宕二。更为安全的打法是兑现♡A和♡K。单纯考虑将牌花色，这是次佳的打法。然而，即便这个打法未能成功，你仍然可以尝试第二个机会——利用明手的方块长套垫掉暗手的黑桃输墩。

当实际牌张如上所示，♡Q 并没有在两轮之内跌落。然而，当你转向方块时，西家跟出三轮方块，从而使得你有充裕的时机垫掉黑桃输墩。

仅就将牌花色的单套而言，兑现♡A 然后用♡J 飞牌，你有 40%的机会在不失墩的情况下吃通这门花色。而兑现♡A 和♡K 只有 33%的成功机会。然而，这种打法提供了垫掉黑桃输墩的机会。结合将牌以及方块垫牌的机会，这种组合机会有大约 63%的成功概率。

另外一种安全打法是最大限度地减少敌方将吃的机会。在下面的牌例中，你是否找到了致胜的做庄路线？

西	北	东
	♠8 7 4 ♡A 6 ◇K Q 7 3 ♣A 7 6 3	
♠10 6 5 ♡J 10 7 3 2 ◇J 10 2 ♣Q 4	N W E S	♠9 2 ♡9 4 ◇A 9 6 4 ♣J 10 9 8 2
	♠A K Q J 3 ♡K Q 8 5 ◇8 5 ♣K 5	

你叫到 6♠，西家首攻◇J，明手上◇K，东家以◇A 吃住。东家转攻♣J 后你计划如何做庄？

你吃住梅花转攻并且看到，只需将吃一次红心就可以得到第 12 墩。很显然，在将吃之前你不能清光明手的全部将牌。假设你立刻兑现♡A 和♡K，随后出小红心让明手将吃。由于红心是 5–2 分布，东家可以用♠9 超将吃。很不幸，的确如此，但你原本可以完成定约！想必你已经意识到，在将吃红心之前清两轮将牌不会有任何损失。幸运的是，这样的打法就可以清光东家的将牌。随后，当你将吃第三轮红心时，东家已经无法超将吃。

这是增加额外机会的另外一个示例。定约成功的主要机会是红心 4–3 分布，因而当你将吃第三轮红心时，两个防家都需要跟牌。额外机会是虽然一个防家只有两张红心，但与此同时他也只有两张将牌。

现在，你已经对安全打法有了整体印象。安全打法涉及到单套结构，也可能有关做庄的通盘计划。安全打法的目的永远是以最大机会完成定约。有时候你不得不放弃额外的 20%或 30%的超墩机会，以便有更大的机会获取成局或者满贯奖分。

现在已经是时候检验你自己在这个领域的真实水平了。感到有些紧张吗？大可不必。首先，旁边没有人观看；其次，即便你确实没有找到完成满贯的最佳路线，你也不必向队友解释！如果有些问题难度很大，在下一页会有详尽的解答。阅读本书之后，当再次坐到牌桌上，你就会发现，相比以前，现在的打法更为安全稳妥。祝你好运！

习题 1

♠Q 9 6 4 2
♡A 6 3
◇6
♣K 9 6 5

首攻♡10

♠A J 8 7 3
♡K 4
◇A 9
♣A J 4 2

西	北	东	南
			1♠
不叫	4◇*	不叫	6♠
全不叫			

西家首攻♡10。你计划如何最安全地完成定约?

习题2

♠J 3
♡A Q 7
◇A 9 7 3 2
♣K 7 3

首攻◇K

♠A Q 8 7 6 2
♡K 5 4
◇6
♣A Q 4

西	北	东	南
			1♠
不叫	2◇	不叫	3♠
不叫	4NT	不叫	5♠
不叫	6♠	全不叫	

西家首攻◇K。计划你的做庄路线。

习题 3

♠J 9 4 2
♡A K 4
◇A Q 6
♣A 8 4

首攻♡10

♠A Q 8 5
♡Q J 8 3
◇K 4 2
♣K 5

西	北	东	南
			1NT
不叫	**6NT**	全不叫	

防守 **6NT** 西家首攻♡10。你准备如何完成定约。

习题 4

♠7 3
♡A K 9 5
◇A J
♣A J 10 8 7

首攻♠4

♠A K 5
♡7 3 2
◇7 6 5 2
♣Q 4 3

西	北	东	南
	1♣	不叫	**1NT**
不叫	**3NT**	全不叫	

西家首攻♠4 到东家的♠J。你准备如何做庄？

解答 1

♠Q 9 6 4 2
♡A 6 3
◇6
♣K 9 6 5

西		东
♠—		♠K 10 5
♡10 9 5		♡Q J 8 7 2
◇K J 7 5 4 2		◇Q 10 8 3
♣Q 10 7 3		♣8

♠A J 8 7 3
♡K 4
◇A 9
♣A J 4 2

西	北	东	南
			1♠
不叫	4◇*	不叫	6♠
全不叫			

北家的 4◇是斯普林特,表示有很强的成局加叫实力,并且至多一张方块。西家首攻♡10 后你准备如何做庄?

两门黑花色都有潜在的输墩。我们首先查看将牌。缺少三张将牌,你准备飞东家的 K,但你准备从明手引小牌还是♠Q? 如果东家持单张或双张♠K,上述打法没有任何差异。当他持有所缺的全部三张将牌,如果从明手引小牌到暗手的♠J,你就将输掉一墩将牌。因而第一轮将牌出♠Q 是非常必要的。如果东家放小,你就飞牌。如果他盖上♠K,就用♠A 吃住。当西家在第一墩上垫牌,明手可以将吃方块再度进手,然后对东家的♠10 再次飞牌。

梅花套的最佳打法是什么? 这取决于将牌上是否有输墩。如果你丢掉一墩将牌(由于西家持有♠K,或者东家持♠K10×但你错失了安全打法),你就无法承受梅花上输掉一墩。如果目标在于全取四墩梅花,最佳打法是从明手对着♣J 出小牌。请注意,首先兑现♣K 是错误的打法。即便西家持单张♣Q 也无济于事——仍然要输一墩梅花——但假如东家持单张♣Q，你就错过了完成定约的机会。

如果你在将牌上没有输墩，在梅花上就确实存在“完美的安全打法”——可以确保吃到三墩梅花从而完成定约。第一墩梅花兑现♣A，第二轮然后对着明手的♣K96 引牌。如果西家跟牌，明手上♣9。如果西家在第二轮告缺，明手上♣K 然后对着♣J 出牌。

还有另外一种打法。兑现♣A 后第二轮对着♣J 出牌，这种打法同样可以确保这门花色吃到三墩。但在西家持♣Q×的情况下，这样的打法就白白损失一个赢墩。

解答 2

♠J 3
♡A Q 7
◇A 9 7 3 2
♣K 7 3

♠5
♡10 8 3
◇K Q J 5
♣J 10 9 6 2

♠K 10 9 4
♡J 9 6 2
◇10 8 4
♣8 5

♠A Q 8 7 6 2
♡K 5 4
◇6
♣A Q 4

西	北	东	南
			1♠
不叫	2◇	不叫	3♠
不叫	4NT	不叫	5♠
不叫	6♠	全不叫	

防守你的 **6♠**，西家首攻◇**K**。你计划如何尽可能安全地完成定约？

边花都是坚固的，因而你将全部精力集中在如何安全地处理将牌——在这门花色你只能有一个输墩。究竟应该采取什么打法呢？在很多类似局势下，你应该首先兑现♠**A**。但在本例中这样的打法不具吸引力。如果击落单张♠**K**，那么结局非常圆满。除了上述情况，在将牌 **4–1** 的情况下，你通常都要输掉两墩。（如果西家持单张♠**10** 或者♠**9**，你可以通过将牌妙招避免将牌上的第二个输墩。）

第一墩从明手引♠**3** 到暗手的♠**Q**，这种打法如何？如果西家持单张♠**10** 或♠**9**，只要下一轮你从明手引♠**J**，就可以确保在将牌上只有一个输墩。然而，如果牌张分布如上所示，你就将打宕定约。东家还剩下♠**K-10-9**，肯定可以吃到两墩。

最佳打法是第一轮将牌从明手引♠J。如果西家以♠K 吃进，你就需要黑桃 3–2 分布。如果牌张分布如上所示，东家以♠K 盖上♠J 后。你用♠A 吃住，西家跟出♠5。你进入明手再次引小将牌，当东家在♠3 上跟出♠4，安全打法是用♠6 飞牌。西家告缺，而你只输一墩将牌给东家的♠10–9 连接张。如果♠6 深飞失败，将牌就是 3–2 分布，随后你可以用♠Q 清掉最后一张将牌。

解答 3

北：
♠J 9 4 2
♡A K 4
◇A Q 6
♣A 8 4

西：
♠6
♡10 9 7
◇10 8 5 3
♣J 9 7 6 2

东：
♠K 10 7 3
♡6 5 2
◇J 9 7
♣Q 10 3

南：
♠A Q 8 5
♡Q J 8 3
◇K 4 2
♣K 5

西	北	东	南
			1NT
不叫	6NT	全不叫	

由于是 4–3–3–3 牌型并且有充足的实力，北家看到寻找 4–4 配合的黑桃没有任何益处。他直接加叫 6NT，西家首攻♡10。你计划如何做庄？

黑桃以外的花色有 9 个赢墩，因而你需要在黑桃上吃到三墩。最佳打法是什么？正如我们在前面的牌例讲述的那样，有些情况下首先兑现♠A 是最好的处理方式。假设你在本例中采用同样的打法，敌方跟出两张小牌。在下一轮你将面临猜断：对着♠J 出小牌还是从暗手出♠Q。当一个防家持有♠K10××时，你只有 50%的机会作出正确的猜断。

第一轮从明手引小黑桃有更好的机会，随后用♠Q 飞牌。如果飞失给西家的♠K，下一轮你就兑现♠A，在西家持♠K-10-×-×的三种情况下获得成功，只在西家持单张♠K 的情况下失败。假设♠Q 吃到这一墩，随后应该如何打？

继续兑现♠A 没有任何好处，因为当东家持♠K-10-×-×时，你将在这门花色输掉两墩。你应该进入明手，然后对着暗手出小牌，如果东家没有拆散他的大牌，你准备用♠8 飞牌。

如果西家持♠K-10-×-×，第一轮机智地忍让，你就可以用♠A 吃住，在第三轮对着明手的♠J 出牌。

解答 4

北：
♠7 3
♡A K 9 5
♢A J
♣A J 10 8 7

西：
♠Q 10 8 4 2
♡J 10 8 4
♢Q 9 8 3
♣—

东：
♠J 9 6
♡Q 6
♢K 10 4
♣K 9 6 5 2

南：
♠A K 5
♡7 3 2
♢7 6 5 2
♣Q 4 3

西	北	东	南
	1♣	不叫	1NT
不叫	3NT	全不叫	

防守 3NT 西家首攻♠4，东家上♠J。你计划如何做庄？

你有六个顶张赢墩，看上去梅花套至少能提供三个赢墩，从而得以完成定约。你不能忍让黑桃，因为敌方转攻方块就使得定约岌岌可危。吃进第一墩后，你如何最大限度地安全处理梅花套？

实战中的庄家在第二墩引♣Q。他立刻就对自己的打法感到后悔！西家告缺后庄家再也无法完成定约。吃到四墩梅花的一种安全打法是出小牌到♣A。只要梅花不是5–0分布，你就简单地顶出♣K。如果西家在第一轮告缺，你就在第二轮出♣8对东家飞牌。如果东家在第一轮梅花上告缺，你就再出小梅花到暗手的♣Q。随后用♣8飞牌，你就可以吃到所需的四墩梅花。

当西家在第一轮跟出梅花，最好的打法是用明手的♣J(或者♣10)飞牌。这种打法确保吃到四墩梅花，并且在西家持双张♣K的情况下，提供了全取五墩梅花(超墩)的机会。

如果无法经受住超墩的诱惑，你可以用黑桃大牌回到暗手，然后重复梅花飞牌。但在这种情况下，你必须希望东家没有持♣K忍让！

习题5

	♠J 9 3 ♡6 3 2 ♢6 5 3 2 ♣10 3 2
首攻♠K	
	♠— ♡A K J 10 9 7 ♢A J 10 4 ♣A K 7

西	北	东	南
2♠*	不叫	3♠	4♡
全不叫			

将吃黑桃后你清两轮将牌，敌方全部跟牌。你计划如何最安全地完成定约？

习题6

♠A K Q 8 2
♡A Q J 2
◇8 3
♣6 3

首攻♣Q

♠J 7 3
♡K 6 5
◇A K J 4
♣K 5 4

西	北	东	南
			1NT
不叫	2♣	不叫	2◇
不叫	3♡*	不叫	3♠
不叫	6♠	全不叫	

东家以♣A吃住首攻后续攻梅花。你计划如何做庄？

习题 7

♠9 8 5
♡A 6
◇A K 8 4
♣K 7 4 2

首攻◇J

♠A Q 10 7 6 3
♡K 10 5
◇6
♣A 8 3

西	北	东	南
			1♠
不叫	**2♣**	不叫	**3♠**
不叫	**4NT**	不叫	**5♠**
不叫	**6♠**	全不叫	

西家首攻◇J。完成6♠的最大机会是什么？

习题 8

	♠A 10 4 ♡K 10 5 ◇A 9 6 4 2 ♣A 9
首攻♠6	N W E S
	♠K Q J 9 5 3 ♡8 6 4 2 ◇J ♣3 2

西	北	东	南
			2♠*
不叫	4♠	全不叫	

西家首攻♠6。你计划如何做庄？

解答 5

♠J 9 3
♡6 3 2
◇6 5 3 2
♣10 3 2

西	东
♠A K 10 8 7 4	♠Q 6 5 2
♡8 4	♡Q 5
◇8	◇K Q 9 7
♣J 8 6 4	♣Q 9 5

♠—
♡A K J 10 9 7
◇A J 10 4
♣A K 7

西	北	东	南
2♠*	不叫	**3♠**	**4♡**
全不叫			

防守你的 **4**♡西家首攻♠**K**。同伴对自己的持牌表示抱歉，暗手将吃黑桃首攻。当你兑现♡**A** 和♡**K** 后，敌方是对你有利的 **2–2** 分布。此时，你计划如何尽可能安全地完成定约？

只有方块 **4–1** 或者 **5-0** 分布的情况下，定约才有危险。你完全没有必要立刻检验这门花色的分布，而是兑现♣**A** 和♣**K**，然后用梅花脱手。吃进梅花的防家续攻黑桃(转攻方块对你有帮助，因为你可以在方块上飞牌)。暗手将吃黑桃后你出◇**J**。东家大牌吃进后不能回攻方块，因为你用◇**10** 飞牌就可以确保安全做成定约。他只得续攻第三轮黑桃，暗手再次将吃。目前的局势如下所示：

	♠— ♡6 ◇6 5 3 ♣—	
♠A 10 8 ♡— ◇— ♣J	N W E S	♠Q ♡— ◇K 9 7 ♣—
	♠— ♡J ◇A 10 4 ♣—	

现在你以◇4 脱手。东家用◇7 吃进后已经陷入终局打法。他要么回攻方块到你的◇A10 嵌张,要么给你将吃垫牌。

首攻红心或者梅花都可以打宕定约。由于明手没有进张,因而你无法消去明手的黑桃。当你在方块上第二次脱手时,东家还有安全的黑桃脱手。

解答 6

	♠A K Q 8 2 ♡A Q J 2 ◇8 3 ♣6 3	
♠10 9 6 5 4 ♡9 3 ◇9 2 ♣Q J 10 7	N W E S	♠— ♡10 8 7 4 ◇Q 10 7 6 5 ♣A 9 8 2
	♠J 7 3 ♡K 6 5 ◇A K J 4 ♣K 5 4	

西	北	东	南
			1NT
不叫	**2♣**	不叫	**2◇**
不叫	**3♡**	不叫	**3♠**
不叫	**6♠**	全不叫	

北家的 **3♡** 是斯莫伦约定叫,表示五张黑桃和四张红心。西家首攻 **♣Q** 到东家的 **♣A**,东家续攻梅花。你准备如何完成满贯定约?

首攻梅花解决了你在低花上的输墩，因而现在完成定约只需避免将牌上的输墩。只有将牌 **5–0** 分布才有可能对满贯造成危害。如果西家持有全部五张将牌,你依然可以应对。你应该在第三墩兑现 **♠J**。当东家告缺后,继续对着明手引小将牌。如果西家拆散大牌,明手吃住,随后回到暗手重复将牌飞牌。

这样的打法并不困难,因而我们现在考虑另外一种局面。假设西家消极首攻红心,没有暴露任何牌情。明手吃住后我们假设将牌是 **3–2** 分布。此时你准备如何做庄?

已经有 **11** 个顶张赢墩,随后可以通过梅花飞牌或者以 **◇J** 飞牌完成定约。将上述两个机会相结合是更好的打法。兑现 **◇A** 和 **◇K**,将吃第三轮方块,希望能够将吃出敌方的 **◇Q**。如果 **◇Q** 没有显现,你就用 **♣K** 飞牌。

解答 7

♠9 8 5
♡A 6
◇A K 8 4
♣K 7 4 2

西	东
♠K	♠J 4 2
♡Q 9 7 4 2	♡J 8 3
◇J 10 9 5 3	◇Q 7 2
♣J 6	♣Q 10 9 5

♠A Q 10 7 6 3
♡K 10 5
◇6
♣A 8 3

西	北	东	南
			1♠
不叫	2♣	不叫	3♠
不叫	4NT	不叫	5♠
不叫	6♠	全不叫	

在北家应叫 2♣后，北家认为自己的牌值有所增强，已经超过了再叫 2♠ 的范畴。如果北家原本应叫 2◇，他就只能再叫 2♠。西家首攻◇J 后你准备如何完成 6♠？

实战中的庄家让明手吃住首攻后，出小将牌到暗手的♠Q。如果东家持双张♠K 或者西家持单张♠J，这种打法都可以得到超墩。不幸的是，♠Q 失给西家的♠K。西家续攻第二轮方块，明手再次吃进。当明手继续出第二轮将牌时，东家跟出毫无帮助的 4。庄家是否应该飞牌？眼下已经是纯粹的猜断！西家持有♠KJ 双张的概率，与西家持单张♠K 的概率几乎是相同的。经过痛苦的长考(时间已经很晚了)，庄家上♠A 从而打宕了定约。

当你可以承受输一墩将牌但不能输两墩的情况下，安全打法是在第一轮兑现将牌 A。随后你可以进入明手，对着剩下的大牌引第二轮将牌。在本例中，安全打法可以带来意料之外的超墩。

解答 8

♠A 10 4
♡K 10 5
◇A 9 6 4 2
♣A 9

♠8 7 6
♡A Q J 9
◇7 3
♣K J 7 5

♠2
♡7 3
◇K Q 10 8 5
♣Q 10 8 6 4

♠K Q J 9 5 3
♡8 6 4 2
◇J
♣3 2

西	北	东	南
			2♠*
不叫	4♠	全不叫	

北家直接加叫成局有些进取。在西家首攻♠6 后你计划如何完成 4♠定约?

你需要♡A 的位置有利。即便如此,你仍然需要考虑如何解决第四个红心输墩。红心 3–3 分布解决了你的忧虑。将牌 2–2 分布同样可以解决问题,因为你可以让明手将吃第四轮红心。如果两门高花都是不利分布,你能否找到一条完成定约的安全路线呢?

你必须采用反桌为主的做庄路线,对 6–3 配合的将牌而言,这种打法非同寻常。暗手吃住将牌首攻后,你用◇A 进入明手,小将吃一次方块。继续对着明手引红心,当西家跟出♡Q 后明手上♡K,用大将牌将吃第三轮方块,西家告缺。以梅花到明手,再次大将吃方块。用♠10 进入明手,大将吃明手的最后一张方块。现在你已经得到 9 墩,而明手的♠A 就是完成定约的第 10 墩。

使用反桌为主的打法获取额外的一墩,你必须让长将牌一方将吃,直到这一手的将牌短于另外一手的将牌。本例将牌原本是 6–3 配合,因而需要长将牌一方将吃四次。最终,你吃到三墩边花,三墩将牌以及四次将吃,共计 10 墩!

习题9

♠8 6 2
♡8 7 6 5 3
◇7 6
♣A K 6

首攻♡2

♠A Q J 7 5 3
♡Q 4
◇A K
♣Q 10 3

西	北	东	南
			1♠
不叫	2♠	不叫	4♠
全不叫			

东家以♡K吃住首攻,继续兑现♡A,西家垫一张梅花。下一轮你用♠Q将吃,西家再次垫梅花。现在应该如何做庄?

习题 10

♠Q 9 6 4
♡Q 6 4
◇7 5
♣A J 6 2

首攻♡7

♠A K
♡K 3
◇A J 6 4
♣Q 9 8 5 4

西	北	东	南
			1♣
不叫	1♠	不叫	2◇
不叫	2♡	加倍	2NT
不叫	3NT	全不叫	

西家首攻♡7，随后的跟牌是♡4，♡9。你计划如何做庄？

习题 11

♠Q 10 5 4
♡A K 6
◇K 7 3
♣Q 9 7

首攻◇Q

♠K J 7 3
♡8 7 2
◇A 8 5
♣A K 8

西	北	东	南
	1♣	不叫	1♠
不叫	2♠	不叫	4♠
全不叫			

防守4♠西家首攻◇Q。你准备如何完成定约?

习题 12

	♠8 6 ♡A 9 8 5 ◇10 6 3 ♣A J 7 3
首攻♣10	N W E S
	♠A K Q 10 7 4 ♡K 4 3 ◇A K Q ♣4

西	北	东	南
			2♣
不叫	2NT	不叫	3♠
不叫	3NT	不叫	4♠
不叫	6♠	全不叫	

防守 6♠西家首攻♣10。你的做庄计划是什么？

解答 9

	♠8 6 2 ♡8 7 6 5 3 ◇7 6 ♣A K 6	
♠K 9 ♡2 ◇Q 9 5 3 ♣J 9 8 7 5 4	N W E S	♠10 4 ♡A K J 10 9 ◇J 10 8 4 2 ♣2
	♠A Q J 7 5 3 ♡Q 4 ◇A K ♣Q 10 3	

西	北	东	南
			1♠
不叫	2♠	不叫	4♠
全不叫			

通过简单明了的进程你叫到 4♠，西家首攻♡2。东家以♡K 吃住后继续兑现♡A，西家垫一张梅花。东家续攻第三轮红心，你用♠Q 将吃，西家再次垫掉梅花。你准备如何继续做庄？

实战中的庄家打宕了定约。他以♣A 进入明手引将牌，暗手用♠J 飞牌。西家以♠K 吃住，回攻梅花给同伴将吃。东家回攻红心，♠9 得到提升，定约宕二。

西家在第三墩拒绝超将吃是非常机敏的防守。如果持♠K10×，西家拒绝超将吃是显而易见的，因为这样就可以提升将牌。与此类似，持♠K9×拒绝超将吃也是正确的，因为东家有可能持单张♠10。当他持♠K9 双张，西家遵从一般的防守原则——拒绝用天然的将牌赢墩超将吃。

现在我们来看庄家的打法。你是否认为他的打法有错误？的确，毫无疑问！以梅花进入明手引将牌之前，他应该首先兑现♠A。这种安全打法通常是防范位置不利的单张♠K。这种局势在本例不太可能，因为如果是这样，西家会毫不犹豫地以单张♠K 超将吃。首先兑现♠A，这种打法的潜在好处是，可以清两轮将牌，从而消除了敌方将吃梅花的可能性。

解答 10

	♠Q 9 6 4 ♡Q 6 4 ◇7 5 ♣A J 6 2	
♠J 10 8 7 ♡8 7 2 ◇Q 9 8 ♣K 10 7	N W E S	♠5 3 2 ♡A J 10 9 5 ◇K 10 3 2 ♣3
	♠A K ♡K 3 ◇A J 6 4 ♣Q 9 8 5 4	

西	北	东	南
			1♣
不叫	1♠	不叫	2◇
不叫	2♡	加倍	2NT
不叫	3NT	全不叫	

按照南北方的体制，北家再叫 3♣不逼叫，于是北家再叫第四花色，而东家利用这个机会加倍指示首攻。西家首攻♡7，东家跟♡9，你准备如何做庄？

如果红心是 6–2 分布并且随后西家可能上手(例如，主要的飞牌是到西家)，那么忍让红心就是正确的。你的目的是消耗掉西家在这门花色上的牌张。但在本例中情况并非如此。首先，西家首攻♡7(弱套中的次大牌张)，结合东家跟出的♡9，按时西家的首攻是出自♡87×。其次，梅花飞牌是进入东家手上。

因而，你应该用♡K 吃住首攻。此时西家是危险的一方，因此你必须在梅花上采用安全打法，从而避免西家获得出牌权。

在第二墩，你应该从暗手出♣Q，如果西家不上大牌，就飞过。如果西家盖上♣K，明手用♣A吃住。继续兑现♣J是致命的错误，因为西家可能持有三张梅花，一旦他上手就可以续攻第二轮红心。你应该用黑桃大牌回到暗手，出♣9飞牌到东家，也就是安全的一方。

习题 11

	♠Q 10 5 4 ♡A K 6 ◇K 7 3 ♣Q 9 7	
♠A 6 ♡Q 9 3 ◇Q J 10 9 6 2 ♣10 3	N W E S	♠9 8 2 ♡J 10 5 4 ◇4 ♣J 6 5 4 2
	♠K J 7 3 ♡8 7 2 ◇A 8 5 ♣A K 8	

西	北	东	南
	1♣	不叫	**1♠**
不叫	**2♠**	不叫	**4♠**
全不叫			

防守 **4♠** 西家首攻◇**Q**,你计划如何完成定约?

在实战中,庄家让暗手吃住首攻然后开始调将。西家立刻上♠**A** 然后续攻◇**J**。庄家盖上明手的◇**K** 并且准备摊牌,但此时东家将吃。

庄家吃住将牌回攻,西家跟牌,此时完成定约的唯一打法是剥光投入。他兑现三轮梅花,继续兑现♡**A** 和♡**K**,然后用第三轮红心脱手。如果东家吃进,他将被迫回攻红心或者梅花,从而给庄家将吃垫牌。然而,按照现在的牌张分布,西家可以吃进第三轮红心。他兑现方块赢墩,定约以宕一告终。

庄家的错误在于以错误的一手吃进首攻。以◇**A** 吃住首攻,只有在西家首攻的◇**Q** 是单张的情况下才是正确的。排除西家可能不会首攻单张大牌的因素,这种情况也比东家持单张◇**2**,◇**4**,◇**6**,◇**9** 和◇**10** 的机会小得多。因此,庄家应该用明手的◇**K** 吃住首攻。这样随后东家将吃就无济于事,因为他将吃的是方块上的输墩。

习题12

	北	
	♠8 6 ♡A 9 8 5 ◇10 6 3 ♣A J 7 3	
西 ♠J 9 5 3 2 ♡J 7 ◇8 7 2 ♣10 9 8		**东** ♠— ♡Q 10 6 2 ◇J 9 5 4 ♣K Q 6 5 2
	南 ♠A K Q 10 7 4 ♡K 4 3 ◇A K Q ♣4	

西	北	东	南
			2♣
不叫	2NT	不叫	3♠
不叫	3NT	不叫	4♠
不叫	6♠	全不叫	

防守你的6♠西家首攻♣10,明手以♣A吃住。现在如何继续做庄?

红心上有一个确定的输墩,因而你不能承受将牌上存在输墩。如果西家持♠J×××甚至♠J9×××,定约是否注定毫无希望?未必如此。如果暗手能够将吃两次梅花,你就可以清两轮将牌,兑现边花赢墩,然后在第11墩用红心脱手。如果西家吃进这一墩,他就不得不回攻将牌到你的♠Q10嵌张。

假设♣A吃住首攻后你立刻调将牌,东家告缺。或许现在你考虑通过暗手将吃两次梅花,最后对西家实施终局打法,但为时已晚!眼下明手只剩下一个进张。

为了防范西家持♠J领头的四张或者五张将牌,你必须在第二墩将吃梅花。当你兑现♠A,东家告缺。你兑现红花色的赢墩然后再次将吃梅花,非常幸运的是西家一直跟牌。此时残局如下:

	♠8 ♡9 8 ♢— ♣J	
♠J 9 5 3 ♡— ♢— ♣—	N W E S	♠— ♡Q 10 ♢J ♣K
	♠K Q 10 ♡4 ♢— ♣—	

此时你用♡**4** 脱手，西家被迫将吃同伴的赢墩。之后，他被迫回攻将牌到暗手的嵌张，小满贯得以做成。

如果西家持四张将牌而不是五张，完成定约的机会有多大呢？令人奇怪的是，机会要小很多。只有西家被迫吃进红心脱手张，持♠**J-9** 回攻到暗手的♠**Q-10** 嵌张时，你才能够得以成功。如果西家是有水平的防家，他一定会从♡**Q**-×-×中解封♡**Q**，或者从♡**Q-J**-×中解封♡**Q** 和♡**J**，从而避免陷入终局打法。

习题13

♠8 7 2
♡A J 9 8 2
◇9 7 4
♣K 5

首攻♠3

♠A Q
♡7 4
◇A J 5
♣A Q 9 8 7 3

西	北	东	南
			1♣
不叫	1♡	1♠	2NT
不叫	3NT	全不叫	

西家首攻♠3，东家上♠K。你准备如何做庄？

习题 14

	♠10 8 7 4 ♡A 8 6 3 ◇K Q ♣A K 9
首攻♣Q	
	♠A K 6 3 ♡Q 5 ◇A 7 6 4 3 2 ♣2

西	北	东	南
			1◇
不叫	1♡	不叫	1♠
不叫	4NT	不叫	5◇*
不叫	6♠	全不叫	

西家首攻♣Q 后你准备如何做庄？尝试预测将牌的各种分布，以及这种分布对你的打法产生什么样的影响。

习题15

♠K 7 6 4 2
♡9 6 5 3
◇K 5
♣K 8

首攻♣6

♠A 8
♡A K
◇A J 8 6 4 2
♣Q 5 3

西	北	东	南
			1◇
不叫	**1♠**	不叫	**2NT**
不叫	**3NT**	全不叫	

西家首攻♣**6**，明手上♣**K** 并且吃到这一墩。现在应该如何做庄？

习题16

	♠A 8 7 ♡Q 9 5 4 3 ◇Q 9 3 ♣Q 3
首攻♠J	
	♠Q 4 ♡A 10 7 6 2 ◇A K 8 6 5 ♣K

西	北	东	南
			1♡
不叫	4♡	全不叫	

西家首攻♠J，你准备如何最安全地完成定约？

解答 13

	♠8 7 2 ♡A J 9 8 2 ◇9 7 4 ♣K 5	
♠J 5 3 ♡K 10 3 ◇6 3 ♣J 10 6 4 2	N W E S	♠K 10 9 6 4 ♡Q 6 5 ◇K Q 10 8 2 ♣—
	♠A Q ♡7 4 ◇A J 5 ♣A Q 9 8 7 3	

西	北	东	南
			1♣
不叫	1♡	1♠	2NT
不叫	3NT	全不叫	

防守你的 **3NT** 西家首攻♠**3**,你用♠**A** 吃住东家的♠**K**。你计划如何做庄?

目前有七个顶张赢墩,你需要在梅花上发展出额外两墩。如果梅花是 **4–1** 分布,会发生什么情况?这种分布不会有任何影响。只要让送一墩你就可以吃到五墩梅花以及其他花色的四个赢墩。危及定约的唯一情况是梅花 **5–0** 分布。为了应对这种局面,你要在第二墩从暗手出♣**9**。如果西家放小,明手就出♣**5**。如果实际牌张如上所示(这是一次欧洲锦标赛的实战牌例),♣**9** 就会吃到这一墩。随后你继续兑现♣**K**,用♠**Q** 回到暗手,让送一墩梅花给西家。◇**A** 是暗手兑现梅花赢墩的桥引。防守方只能吃到三墩黑桃和一墩梅花。

假设西家在第一轮梅花告缺。你就用明手的♣**K** 吃住,然后对着暗手出小梅花。无论东家是否拆散大牌,你都吃到五墩梅花并且完成定约。

瑞典的 Per-Olof Sundelin 采用了我们以上描述的打法，顺利做成定约。

解答 14

♠10 8 7 4
♡A 8 6 3
◇K Q
♣A K 9

西：
♠Q
♡K 9 4 2
◇10 8 5
♣Q J 10 7 5

东：
♠J 9 5 2
♡J 10 6
◇J 9
♣8 6 4 3

南：
♠A K 6 3
♡Q 5
◇A 7 6 4 3 2
♣2

西	北	东	南
			1◇
不叫	1♡	不叫	1♠
不叫	4NT	不叫	5◇*
不叫	6♠	全不叫	

南家对罗马关键张问叫的答叫是 1430，表示 3 个关键张（或者 0 个）。西家首攻♣Q 后你计划如何做庄？

♣K 可以垫掉潜在的红心输墩，因而你的注意力集中在将牌上。如果将牌是 3–2 分布，明手可以将吃一次方块，从而防范可能的方块 4–1 分布。如果将牌是 4–1 分布，你必须采取措施避免输掉两墩将牌，与此同时，必须注意这门花色不能出现阻塞。

♣A 吃住首攻后，你从明手引♠7(解封中间号码的牌张)到暗手的♠A。当西家跟出♠Q，将牌 4–1 的危险是显而易见的。如果继续兑现♠K，你就要输掉两墩将牌。于是你出♠3 到明手的♠10。西家告缺，东家用♠J 吃进。东家回攻♡J 到♡Q、♡K 和♡A。♣K 垫掉暗手

的红心输墩,兑现两轮方块大牌,所有人都跟牌。目前的局势如下:

	♠8 4 ♡8 6 3 ◇— ♣9	
♠— ♡9 4 2 ◇10 ♣J 10	N W E S	♠9 5 ♡10 7 ◇— ♣8 4
	♠K 6 ♡— ◇A 7 6 4 ♣—	

剩下的唯一任务是通过飞牌擒住东家的将牌，然后兑现方块赢墩。你是否从明手引♠4,准备暗手出♠6 飞牌……如果东家足够警觉,他就可以打宕定约。他将扑上♠9,迫使你以♠K 吃进。下一轮将牌是明手的♠8 获得出牌权,因而你只能连续兑现方块,承认定约宕一。

为了避免这样的尴尬局面，面临上述牌张局势时你必须从明手引♠8。无论东家是否盖上♠9,暗手都可以赢得第四轮将牌并且声称定约。

请注意,第一轮将牌解封中间号码的牌张是多么的至关重要。如果残局形式下明手仍旧剩下♠87，东家只要在第三轮将牌盖上♠9 就可以打宕定约。即便西家持单张♠9,采取上述做庄路线依然可以获得成功。

让我们回到第二墩,考虑一下将牌分布的其他情况。如果西家第一轮将牌跟出♠2 或者♠5，你就应该继续兑现◇K 和◇Q。当将牌是 3–2 分布,你就可以防范方块 4–1 分布,只要持单张方块的防家有三张将牌。他只能用天然的将牌赢墩将吃第二轮方块,随后你可以在将吃方块之前继续兑现第二轮将牌。

最后,假设东家在第一轮将牌跟出♠Q 或者♠J。你应该接下来对着明手引小将牌,防范西家持有一个大牌领头的四张将牌。

解答 15

北：
♠K 7 5 4 2
♡9 6 5 3
◇K 5
♣K 8

西：
♠J 9 6
♡10 8 7 4
◇Q
♣A J 9 6 2

东：
♠Q 10 3
♡Q J 2
◇10 9 7 3
♣10 7 4

南：
♠A 8
♡A K
◇A J 8 6 4 2
♣Q 5 3

西	北	东	南
			1◇
不叫	1♠	不叫	2NT
不叫	3NT	全不叫	

防守 3NT 西家首攻♣6。你计划如何做庄？

明手应该上♣K。♣K 吃到这一墩后你已经有七个顶张赢墩。你从哪里寻找额外的两墩？如果黑桃是 3–3 分布，你可以得到所需的赢墩，但除非西家持♠QJ×，否则防守方就可以让东家在第三轮黑桃上进手。他回攻梅花就可以穿梭暗手的♣Q。

更好的方法是在方块上发展赢墩，而你的目标是建立方块的同时，阻止东家，也就是危险的一方获得出牌权。在实战中，庄家在第二墩兑现◇K，击落了西家的单张◇Q。当他从明手引第二轮方块，东家扑上◇10。再也无法完成定约了！无论庄家继续树立方块还是转作黑桃，东家都可以上手回攻梅花。

为了防范西家持单张◇Q 的情况，你必须从暗手出第一轮方块。于是你用红心或者黑桃回到暗手，出小方块。当西家跟出◇Q，忍让这一墩。你可以超一完成定约！

解答 16

	♠A 8 7 ♡Q 9 5 4 3 ◇Q 9 3 ♣Q 3	
♠J 10 9 2 ♡— ◇J 10 7 4 ♣10 9 7 5 2	N W E S	♠K 6 5 3 ♡K J 8 ◇2 ♣A J 8 6 4
	♠Q 4 ♡A 10 7 6 2 ◇A K 8 6 5 ♣K	

西	北	东	南
			1♡
不叫	4♡	全不叫	

由于有五张将牌支持，北家有加叫 4♡的实力。西家首攻♠J 后你准备如何最安全地完成定约？

你可以承受输掉一墩黑桃，一墩将牌和一墩梅花。采用什么样的安全打法可以将将牌上的输墩限制为一个？你必须从明手引小将牌，如果东家跟♡8 就用♡10 飞牌。如果西家以♡J 或者♡K 吃进这一墩，在下一轮你可以用♡A 清光剩下的将牌。

于是你以明手的♠A 吃住首攻然后引小将牌。如果东家跟♡8，你就用♡10 飞牌并且吃到这一墩。继续兑现♡A，声称得到 10 墩。如果东家跟出♡J 或者♡K，你就用♡A 吃住随后再打第二轮将牌。还有一种可能是东家告缺。在这种情况下暗手上♡A，随后对着明手出第二轮将牌。

第一墩为什么明手不放小，或许你对此感到疑惑。潜在的危险是，东家以♠K 吃进这一墩，兑现♣A，然后用方块脱手。现在采用安全打法——用♡10 飞牌就显得过于危险了。西家可能以单张♡J 或者♡K 吃进这一墩，然后给同伴将吃一次方块！

习题 17

	♠K 8 ♡J 3 ◇A J 9 ♣Q 10 8 7 5 2
首攻♡9	
	♠A J 9 6 5 3 ♡10 2 ◇K Q 7 6 ♣A

西	北	东	南
		3♡	3♠
不叫	4♠	全不叫	

西家首攻♡9，东家在这门花色兑现两墩。第三墩东家转攻♣4，你计划如何完成定约？

习题18

♠Q 7 6 4
♡A 6 3
◇9 4
♣A K 9 6

首攻♡K

N W E S

♠A K J 10 5
♡7
◇A K Q J 5
♣7 3

西	北	东	南
			1♠
不叫	2♣	不叫	2◇
不叫	4♠	不叫	4NT
不叫	5♠*	不叫	7♠
全不叫			

西家首攻♡K，你计划如何完成大满贯定约？

习题 19

♠A 6
♡K Q 4
◇Q 9 8 6 3 2
♣Q 7

首攻♠K

♠10 9 7 2
♡A J 10 9 2
◇A K
♣A K

西	北	东	南
	1◇	不叫	1♡
不叫	2◇	不叫	2♠
不叫	4♡	不叫	4NT
不叫	5♠*	不叫	7♡
全不叫			

防守 7♡西家首攻♠K。你准备如何做庄？

习题 20

	♠Q 4 ♡J 4 ◇K J 10 3 ♣K 10 8 6 2
首攻♠K	
	♠9 ♡A K 10 9 6 2 ◇Q 8 5 ♣A 7 4

西	北	东	南
			1♡
1♠	加倍*	3♠	4♡
全不叫			

西家首攻♠K，续攻♠A。你准备如何做庄？

解答17

	♠K 8 ♡J 3 ◇A J 9 ♣Q 10 8 7 5 2	
♠Q 10 4 2 ♡9 5 ◇5 4 2 ♣K J 6 3	N W E S	♠7 ♡A K Q 8 7 6 4 ◇10 8 3 ♣9 4
	♠A J 9 6 5 3 ♡10 2 ◇K Q 7 6 ♣A	

西	北	东	南
		3♡	3♠
不叫	4♠	全不叫	

防守4♠西家首攻♡9,东家在这门花色兑现两墩。第三墩他转攻♣4。你准备如何最安全地完成定约?

你要找到处理将牌的最佳打法，而且必须考虑到东家有七张红心而西家只有两张,因而东家的将牌很可能是短套。首先兑现明手的♠K 并不太好。当西家持♠Q-10-×-×时你就打宕了定约。当然,首先兑现♠A 也同样不好。

第一轮用♠8 飞牌怎么样?这种打法不错,因为只有在东家持单张♠10 的情况下,你才会输掉两墩将牌。按照上述牌张分布,这种打法可以获得成功。为了阻止明手的♠8 吃到这一墩,西家被迫拆散黑桃大牌。随后你只输一墩将牌给西家的♠Q。(在实战中西家不会拆散大牌,因为东家可能持单张♠9,或者庄家原本就没有打算以♠8 飞牌。)

另外一种可能的打法是第一轮将牌出♠J。这个打法相当好。只有在东家持单张♠Q 的情况下,这个打法失败。

你认为哪种打法更为可取——出♠J 还是用♠8 飞牌?单纯从

概率上看，两种打法难分伯仲，每个打法都在东家持有特定单张时失败。由于很多牌手不会持 **11** 点开叫 **3**♡(即便 **11** 点中包含单张♠**Q**)，从暗手引♠**J** 略胜一筹。

解答 18

北：
♠Q 7 6 4
♡A 6 3
◇9 4
♣A K 9 6

西：
♠—
♡K Q J 8 5
◇10 8 7 6 2
♣J 5 2

东：
♠9 8 3 2
♡10 9 4 2
◇3
♣Q 10 8 4

南：
♠A K J 10 5
♡7
◇A K Q J 5
♣7 3

西	北	东	南
			1♠
不叫	**2**♣	不叫	**2**◇
不叫	**4**♠	不叫	**4NT**
不叫	**5**♠*	不叫	**7**♠
全不叫			

防守你的大满贯西家首攻♡**K**。你准备如何做庄？

完成定约看上去易如反掌，而正是在这样的时刻，你必须问自己，有什么情况会对你造成危害。方块 **5–1** 或者更恶劣的分布有可能造成问题，但除非将牌同时是 **4–0** 分布，否则你总可以清光将牌，然后让明手将吃方块输墩。因而，现在的问题是，如果方块是 **5–1** 分布并且将牌是 **4–0** 分布，完成定约的安全打法是什么？

由于明手无法将吃方块，你必须安排暗手将吃两次红心。♡**A** 吃住首攻后立刻用♠**5** 将吃一次红心。兑现♠**A**，揭示将牌 **4–0** 分布的秘密，继续以♠K和♠J清两轮将牌。用♣A进入明手，以♠10将吃明手的最后一张红心。再次用♣K进入明手并且清光东家的最后一张将牌。你可以用第三轮和第四轮方块赢墩垫掉明手的两个梅花输墩。

的确，如果东家的梅花是单张你将遭到将吃。但敌方联手有七张梅花和六张方块，梅花单张的概率显然要小于方块单张的概率。

解答19

♠A 6
♡K Q 4
♢Q 9 8 6 3 2
♣Q 7

♠K Q J 4
♡7
♢J 5 4
♣10 9 6 4 2

♠8 5 3
♡8 6 5 3
♢10 7
♣J 8 5 3

♠10 9 7 2
♡A J 10 9 2
♢A K
♣A K

西	北	东	南
	1♢	不叫	1♡
不叫	2♢	不叫	2♠
不叫	4♡	不叫	4NT
不叫	5♠*	不叫	7♡
全不叫			

防守你的大满贯西家首攻♠K。你准备如何做庄？

由于首攻打掉了明手的进张并且方块上有阻塞，你必须利用将牌作为兑现方块长套的桥引。什么是机会最大的做庄路线？

假设你以♡A和♡K清两轮将牌，继续兑现♢A和♢K，然后用♡Q进入明手。太糟糕了！将牌4–1分布，再也无法完成定约。

的确，你需要方块是 3–2 分布，但并不需要将牌是 3–2 分布。当东家持四张将牌时，定约依旧安然无恙。兑现♡A，继续兑现两轮方块大牌，随后用♡K 进入明手。当西家告缺后，你就连续兑现方块赢墩。如果东家在任何时刻将吃，你都可以超将吃并且用♡Q 再度进入明手。这样就清掉了东家的最后一张将牌，随后可以享受明手的方块赢墩。如果东家拒绝将吃，你就垫掉三个黑桃输墩。现在你可以兑现♡Q，将吃黑桃回到暗手以便清掉东家的最后一张将牌。这种技巧称之为“利用边花替代将牌”。

解答 20

北：
♠Q 4
♡J 4
◇K J 10 3
♣K 10 8 6 2

西：
♠A K J 6 3
♡Q 8 7 3
◇9 6
♣9 3

东：
♠10 8 7 5 2
♡5
◇A 7 4 2
♣Q J 5

南：
♠9
♡A K 10 9 6 2
◇Q 8 5
♣A 7 4

西	北	东	南
			1♡
1♠	加倍*	3♠	4♡
全不叫			

你叫到 4♡定约，西家首攻♠K 并且续攻♠A。你准备如何做庄？

粗略看上去，整手牌只输一墩黑桃，一墩将牌和一墩方块（梅花输墩可以用方块赢墩垫掉）。然而，如果一个防家持四张将牌，就有可能丧失将牌控制。在第二墩将吃黑桃续攻后，现在还剩下五张将牌。敌方的♡Q和◇A将获得两次出牌权，而且毫无疑问，他们已经会逼迫你将吃。面对这样的困境，你打算如何破解呢？

假设你兑现♡A和♡K，东家在第二轮告缺。无论你继续出♡10调将还是转作方块，防守方吃进后都将逼迫你将吃。你将失去将牌控制。清将牌之前首先顶出◇A，保留明手的♡J4以便阻止敌方逼迫你将吃，这种打法怎么样？面对有实力的防家，这种打法同样无济于事。因为当西家第一轮方块跟出◇9后，东家肯定会注意到同伴的张数信号，于是持◇A忍让一轮，准备给同伴将吃方块。

只有一种打法可以确保定约安全。将吃第二轮黑桃后，你必须对着明手的♡J引小将牌。如果西家扑上♡Q，由于明手还有♡J，所以他无法逼迫暗手将吃。如果西家忍让第一轮将牌，你只需再清两轮将牌，然后转作方块。

这是一条非常重要的做庄原则：如果有失去将牌控制的危险，你就要利用短将牌(通常是明手)对自己加以保护。

习题21

	♠A 9 7 4 ♡A 4 3 ◇7 6 2 ♣Q 6 3
首攻♡Q	W N E S
	♠K J 8 6 2 ♡K 7 2 ◇A K Q J ♣A

西	北	东	南
			1♠
不叫	**3♠**	不叫	**4NT**
不叫	**5♡***	不叫	**6♠**
全不叫			

防守你的 **6♠**西家首攻♡**Q**。为了防范可能的将牌恶劣分布，你准备如何应对？

习题22

♠A 3
♡Q 8 2
◇A Q 8 7
♣A K J 7

首攻♡5

♠Q J 9 5 4
♡A K 7 4 3
◇5
♣3 2

西	北	东	南
	2NT	不叫	**3♡***
不叫	**3♠**	不叫	**5♡**
不叫	**6♡**	全不叫	

西家首攻♡**5**,你准备如何完成 **6**♡?

习题 23

♠A K
♡K 9 5
◇6
♣Q 10 9 6 5 4 2

首攻♠3

♠9 6 5 4 2
♡A Q 7
◇A K 8 5
♣J

西	北	东	南
	1♣	不叫	**1♠**
不叫	**2♣**	不叫	**3NT**
全不叫			

防守 **3NT** 西家首攻♠**3**,你计划如何做庄?

习题24

	♠A K J ♡K Q ◇J 9 8 4 ♣K Q 8 5	
首攻◇A	N W E S	
	♠Q 10 9 7 5 ♡A 10 8 7 5 ◇— ♣A 4 3	

西	北	东	南
			1♠
不叫	2♣	不叫	2♡
不叫	3♠	不叫	4♣
不叫	4NT	不叫	5NT*
不叫	7♠	全不叫	

西家首攻◇A,你准备如何做成7♠?

解答 21

	♠A 9 7 4 ♡A 4 3 ◇7 6 2 ♣Q 6 3	
♠Q 10 5 3 ♡Q J 10 5 ◇9 5 ♣10 7 2	N W E S	♠— ♡9 8 6 ◇10 8 4 3 ♣K J 9 8 5 4
	♠K J 8 6 2 ♡K 7 2 ◇A K Q J ♣A	

西	北	东	南
			1♠
不叫	3♠	不叫	4NT
不叫	5♡*	不叫	6♠
全不叫			

防守你的6♠定约西家首攻♡Q。你准备如何做庄？

如果将牌是2–2或者3–1分布，完成定约没有任何问题。暗手有一个红心输墩，但你可以利用方块赢墩垫掉明手的红心，随后让明手将吃红心。

因此,你必须采取措施防范任何一方将牌4–0分布。单纯考虑将牌花色,通常你应该在第一轮兑现♠K,这样就可以应对任何一方持♠Q10××,从而把将牌输墩限制为一个。这种打法也保留了全取13墩的机会。但在本例中这样的打法不能奏效。西家可以在第二轮将牌拆散自己的大牌。如果你兑现四轮方块,准备让明手将吃红心,西家可以将吃并且最终吃到两墩将牌。采用这样的打法,你同样无法做到暗手将吃两次梅花。

为了保持打法的灵活性,你应该用♡K吃住第一墩,兑现♣A,然后对明手引小将牌，如果西家跟牌就用明手的牌张盖住。本例中,如果西家放小,明手盖上的牌张就将吃到这一墩。你继续清两轮将牌然后准备让明手将吃一次红心。如果西家上♠10,明手以♠A 吃住,用♠J 将吃一次梅花,对着明手的♠9 再次出小将牌。西家用♠Q 吃进,但已经无法阻止你用♠K 将吃第二次梅花,随后用♠7 飞牌并且清光将牌。

如果西家在第一轮将牌告缺,你就简单地用♠A 吃住,通过双飞擒住东家的全部将牌。

解答 22

北:
♠A 3
♡Q 8 2
◇A Q 8 7
♣A K J 7

西:
♠K 10 7 2
♡9 6 5
◇J 6 2
♣9 8 4

东:
♠8 6
♡J 10
◇K 10 9 4 3
♣Q 10 6 5

南:
♠Q J 9 5 4
♡A K 7 4 3
◇5
♣3 2

西	北	东	南
	2NT	不叫	3♡*
不叫	3♠	不叫	5♡
不叫	6♡	全不叫	

通过转移叫,南家显示对高花的满贯兴趣。尽管北家的大部分点力在低花上,他依旧加叫 6♡。西家首攻♡5,你准备如何做庄?

你必须树立黑桃套。如果清光将牌后兑现♠A 再出黑桃,按照现在的牌张分布你就打宕了定约。将吃黑桃之前清两轮将牌,这种打法可以显著提高成功的机会,但把握正确的打牌次序并不容易。假设你以♡A 吃住将牌首攻。如果你兑现♠A 再打第二轮黑桃,西家续打第三轮黑桃，防守方就可以提升己方的将牌。如果在兑现♠A，再打第二轮黑桃之前首先兑现♡A 和♡Q，西家以♠K 上手后续攻第三轮将牌，从而消除了明手的最后一张将牌。你如何应对这样的局面呢？

明手的♡Q 吃住首攻后，你必须从明手引小黑桃！西家以♠K 吃住暗手的♠Q，续攻将牌到暗手的♡A。兑现♠A，两个防家都跟牌。你继续兑现◇A，将吃方块回到暗手。现在你可以利用明手的最后一张将牌将吃黑桃。这种打法在黑桃原本是 3–3 分布的情况下获得成功，与此同时，当东家持双张黑桃但只有两张将牌也可以奏效。通过再次将吃方块回到暗手，清光西家的最后一张将牌并且以胜利者的姿态声称定约。

解答 23

♠A K
♡K 9 6
◇6
♣Q 10 9 6 5 4 2

♠Q J 10 7 3
♡10 8 3
◇J 9 4 2
♣A

♠8
♡J 6 4 2
◇Q 10 7 3
♣K 8 7 3

♠9 6 5 4 2
♡A Q 7
◇A K 8 5
♣J

西	北	东	南
	1♣	不叫	1♠
不叫	2♣	不叫	3NT
全不叫			

尽管南家应叫过黑桃，西家仍然决定首攻这门花色。按照专家的思路，他首攻♠3 而不是♠Q，以防同伴持单张或双张♠9，♠K 或者♠A。明手的♠A 吃进这一墩，现在你必须寻找树立梅花套的最佳方式。你准备如何做庄？

出小梅花到暗手的♣J，这种打法怎么样？不好。如果梅花是 3–2 分布，防守方将忍让这一轮。由于明手只剩下两个进张，你就无法树立并且兑现梅花赢墩。

或许第一轮梅花从明手出♣Q 是更好的打法？如果梅花是 3–2 分布，防守方忍让第一轮梅花徒劳无功。出牌权仍旧在明手，你可以继续出第二轮梅花。

尽管第一轮出♣Q 要比出小梅花到♣J 好得多，但这仍旧不是最佳打法。当梅花是 4–1 分布，防守方的梅花号码牌张就可以发挥作用，而你将在梅花上输掉三墩。

有最大成功机会的打法是，用红心回到暗手，然后对着明手出

♣J。如果西家放小，明手就用♣Q超吃，并且希望这门花色是 3–2 分布。这种打法提供的“额外机会”是，西家持单张梅花大牌。例如，当实际牌张分布如上所示，西家将以♣A 吃进这一墩。明手吃住黑桃续攻，继续出♣Q，顶出东家的♣K。他只能回攻红花色，而你完成定约已经尽在掌控之中。

解答 24

	♠A K J ♡K Q ◇J 9 8 4 ♣K Q 8 5	
♠8 4 3 2 ♡9 4 ◇A K 7 5 3 2 ♣6	N W E S	♠6 ♡J 6 3 2 ◇Q 10 6 ♣J 10 9 7 2
	♠Q 10 9 7 5 ♡A 10 8 7 5 ◇— ♣A 4 3	

西	北	东	南
			1♠
不叫	2♣	不叫	2♡
不叫	3♠	不叫	4♣
不叫	4NT	不叫	5NT*
不叫	7♠	全不叫	

按照南北方的体制，对罗马关键张答叫 5NT 表示两个关键张，并且有一个有价值的缺门，在本例中唯一的可能就是方块缺门。西家首攻◇A 后你准备如何完成 7♠？

通常你会选择树立红心套。将吃方块首攻后你出将牌到♠A。没有继续调将牌，你兑现了♡K 和♡Q。你愉快地看到敌方没有将吃，而此时就是决定定约成败的攸关时刻。你准备如何回到暗手——用♣A 还是以♠Q 超吃♠J?

在实战中,庄家以♠Q 回到暗手,东家告缺。他继续出小红心,西家在这一墩飞快地垫掉单张梅花。明手的单张♠K 将吃红心,庄家用♣A 回到暗手。这是庄家的做庄计划,但西家无情地将吃了,大满贯宕一。

在本例的局势下,你必须首先使用相对危险的进张。因此,你需要用♣A 回到暗手,然后以♠K 将吃红心。随后你可以用♠Q 超吃♠J,清光将牌后声称定约(肯定是你最享受的时刻)。

习题 25

♠8 6
♡9 4 2
◇8 4
♣Q J 6 5 3 2

首攻♠J

♠A K Q
♡A K
◇Q J 10 9 5
♣K 8 4

西	北	东	南
			2NT
不叫	3NT	全不叫	

防守 3NT 西家首攻♠J。你准备如何做庄？

习题 26

	♠7 5 ♡Q J 2 ◇8 5 4 ♣10 9 8 6 2
首攻♡9	
	♠A K ♡A K 10 6 5 3 ◇A Q ♣A K 3

西	北	东	南
			2♣
不叫	2◇	不叫	2♡
不叫	4♡	不叫	6♡
全不叫			

防守你的6♡西家首攻♡9。你准备如何做庄？(a)将牌2–2分布；(b)将牌3–1分布(当你兑现♣A时两个防家都跟小牌)。

习题 27

♠5
♡Q J 10 7 5 4
♢K Q 7 5 2
♣6

首攻♡A

♠K Q J 10 8 7 3
♡6
♢9
♣A K Q J

西	北	东	南
			1♠
不叫	2♡	不叫	3♠
不叫	4♠	全不叫	

西家首攻♡A 并且续攻红心到东家的♡K。你是否看到完成定约的危险所在？你又如何防范这个危险？

习题28

♠A K
♡K 7 4
◇8 2
♣A Q 10 8 7 3

首攻◇Q

♠J 8 7 4 3
♡A Q 8
◇A K 6
♣K 4

西	北	东	南
			1NT
不叫	**6NT**	全不叫	

西家首攻◇Q,你准备如何最安全地完成定约?

解答25

北
♠8 6
♡9 4 2
◇8 4
♣Q J 6 5 3 2

西
♠J 10 9 5 3
♡J 8 6 3
◇A K 6 2
♣—

东
♠7 4 2
♡Q 10 7 5
◇7 3
♣A 10 9 7

南
♠A K Q
♡A K
◇Q J 10 9 5
♣K 8 4

西	北	东	南
			2NT
不叫	3NT	全不叫	

西家没有攻出致命的红心，而是首攻♠J。你准备如何做庄？

如果梅花是2–2分布或者某一个防家持单张♣A，你就可以利用明手的梅花长套。本例中的梅花分布很不利，但你对此肯定不会感到丝毫惊讶。如果一个防家持♣A-×-×，又将是什么样的局面？完成定约的前景依然乐观。你可以连续出♣K和♣Q，任意次序，而防守方肯定不能吃进♣A，否则你就可以兑现到五墩梅花。吃到两墩梅花后，你转作方块。每门高花仍旧有两个挡张，因而你有充裕的时机顶出◇A和◇K，同样以超一完成定约。

现在我们讨论梅花4–0分布的安全打法。在第二墩你必须从暗手出♣K。本例中西家告缺。如果东家立刻用♣A吃进，当你吃住回攻后，只需让送一轮就可以树立起梅花。如果东家忍让♣A，你就转作方块套。三墩黑桃，两墩红心，三墩方块和一墩梅花，你就得到完成定约的九墩。

假设你不经意地出梅花到♣Q，东家将用♣A吃住回攻黑桃（或者红心）。你既无法从梅花上得到完成定约所需的赢墩，而且也没有足够的时效树立方块套。在本例中你只能得到八墩牌。

解答 26

	♠7 5 ♡Q J 2 ◇8 5 4 ♣10 9 8 6 2		
♠Q 8 3 ♡9 8 ◇K 10 9 3 ♣Q J 7 4	N W E S	♠J 10 9 6 4 2 ♡7 4 ◇J 7 6 2 ♣5	
	♠A K ♡A K 10 6 5 3 ◇A Q ♣A K 3		

西	北	东	南
			2♣
不叫	2◇	不叫	2♡
不叫	4♡	不叫	6♡
全不叫			

防守你的 6♡西家首攻♡9。你准备如何做庄?

如果梅花是 3–2 分布,完成定约易如反掌。你兑现♣A 和♣K,再打第三轮梅花,随后用第三轮将牌进入明手。如果有一个防家持♣QJ××,你又将如何应对?

最佳打法取决于将牌如何分布。暗手吃住将牌首攻后你应该兑现♣A,♠A 和♠K。你以♡Q 进入明手,愉快地看到将牌是 2–2 分布。此时你已经有 100%完成定约的安全打法。明手引♣10,如果东家放小你有飞牌,因为一旦飞牌失败,你就确定这门花色是 3–2 分布。(的确,梅花上有阻塞,但西家已经没有将牌,因此无法去掉明手的♡J,也就是兑现梅花的桥引。)

如果牌张分布如上所示,东家将在第二轮梅花告缺。你以♣K 吃住后用梅花脱手。西家用♣Q 或者♣J 吃进,但已经陷入终局打法。回攻方块就到你的嵌张结构;回攻梅花就树立起明手的梅花赢墩。而剩下的唯一选择是回攻黑桃，这又将给你将吃垫牌。

如果将牌是 3–1 分布呢？你的最佳机会是连续兑现梅花大牌，寄希望这门花色是 3–2 分布。

解答 27

	♠5 ♡Q J 10 7 5 4 ◇K Q 7 5 2 ♣6	
♠A 9 6 2 ♡A 3 ◇10 6 3 ♣10 8 4 2	N W E S	♠4 ♡K 9 8 2 ◇A J 8 4 ♣9 7 5 3
	♠K Q J 10 8 7 3 ♡6 ◇9 ♣A K Q J	

西	北	东	南
			1♠
不叫	2♡	不叫	3♠
不叫	4♠	全不叫	

虽然希望同伴持两个 A 的情况下叫牌更为进取一些，但你最终满足于 4♠。西家首攻♡A，明手亮开一手没有 A 的牌，想打满贯的念头立刻从你脑海中消失得无影无踪。西家续攻第二轮红心到同伴的♡K，你准备如何完成 4♠？

实战中的庄家打宕了定约。将吃第二轮黑桃后他从暗手出♠K。由于希望了解同伴的进张所在，西家忍让两轮将牌。东家在第二轮将牌上告缺，垫掉一张梅花表示对这门花色没有兴趣。西家以♠A 吃进下一轮将牌，回攻方块到同伴的◇A。东家回攻第三轮红心，♠9 得到提升，定约宕一。

你是否注意到避免将牌提升的安全打法？很显然，第二轮红心垫掉◇9没有任何好处，因为东家可以直接续攻第三轮红心。你必须将吃第二轮红心，然后将吃梅花赢墩让明手上手。现在你从明手引已经成为赢墩的红心。本例中东家在第三轮红心跟牌，于是你垫掉暗手的方块输墩。西家可以将吃但定约已经固若金汤。你只输两墩将牌和一墩红心。

假设东家将吃第三轮红心，现在如何应对？超将吃同样不安全。如果东家持单张将牌，超将吃仍然可能使防守方的将牌得到提升。你同样应该垫掉方块输墩。

解答28

	北	
	♠A K ♡K 7 4 ◇8 2 ♣A Q 10 8 7 3	
西 ♠Q 9 6 2 ♡10 6 5 2 ◇Q J 10 5 3 ♣—		东 ♠10 5 ♡J 9 3 ◇9 7 4 ♣J 9 6 5 2
	南 ♠J 8 7 4 3 ♡A Q 8 ◇A K 6 ♣K 4	

西	北	东	南
			1NT
不叫	**6NT**	全不叫	

北家直接跳叫6NT，相信方块上不会有两个快速输墩。西家首攻◇Q，你如何找到完成定约的最大机会？

你有10个顶张赢墩，完成定约只需额外的两墩。在梅花上你有100%的机会获取相应的赢墩，前提是你找到正确的安全打法。如果梅花是4–1分布，你可以承受输掉一墩梅花并且最终做成定约。因此，你应该将注意力集中在一个防家持有全部五张梅花的情况下,如何吃到相应的赢墩。

首先兑现♣K 怎么样?这种打法很有问题。当东家持五张梅花时,他就可以吃到两墩。你应该用其他花色进入明手,然后从明手引♣7 或者♣8。你准备飞牌,因为你很清楚,即便输给单张♣9,你仍旧可以吃到剩下的梅花赢墩。而东家第一轮上♣9 也无济于事,因为随后你可以只输一墩梅花(输给♣J)。

如果西家持有全部五张梅花,会发生什么情况?东家在第一轮梅花上告缺,你就用♣K 吃住这一墩。现在你可以对着明手出第二轮梅花,盖上西家的跟牌。你得送一墩梅花给西家,但满贯完成。

习题 29

	♠Q ♡A Q J 10 ♢A K Q 10 8 4 ♣J 4
首攻♠A	W N E S
	♠9 7 3 2 ♡K 8 5 4 ♢9 5 ♣K 9 6

西	北	东	南
	1♢	不叫	1♡
加倍	3♠*	不叫	4♡
全不叫			

西家首攻♠A，续攻小黑桃。你准备如何做庄？

习题30

♠8 6
♡10 9 7 3
◇9 7 5 4 3
♣8 3

首攻♣K

♠A K J 10 7 2
♡A K Q 6
◇A
♣A 10

西	北	东	南
			2♣
不叫	2◇	不叫	2♠
不叫	2NT	不叫	3♡
不叫	4♡	不叫	6♡
全不叫			

你吃住首攻后兑现♡A，西家跟♡8。现在应该如何做庄？

习题31

♠5 3 2
♡2
◇A Q J 9 7 6 2
♣10 4

首攻♠10

♠A K Q J
♡A 6 4
◇—
♣A K 8 7 6 2

西	北	东	南
			1♣
不叫	1◇	不叫	2♠
不叫	3◇	不叫	3♡
不叫	3♠	不叫	6♠
全不叫			

西家首攻♠10。完成定约的最安全路线是什么？

习题 32

	北
	♠A Q 7 5 4 2
	♡A J 8 3 2
	◇J
	♣A
首攻♠J	W N E S
	♠K 8 6
	♡7
	◇Q 10 5 3
	♣Q 8 6 5 3

西	北	东	南
1♣	2♣*	不叫	2♠
不叫	3♠	不叫	4♠
全不叫			

西家首攻♠J，你准备如何完成 4♠？

解答 29

	♠Q ♡A Q J 10 ♢A K Q 10 8 4 ♣J 4	
♠A K 8 6 ♡9 7 6 ♢2 ♣A Q 10 3 2	N W E S	♠J 10 5 4 ♡3 2 ♢J 7 6 3 ♣8 7 5
	♠9 7 3 2 ♡K 8 5 4 ♢9 5 ♣K 9 6	

西	北	东	南
	1♢	不叫	1♡
加倍	3♠*	不叫	4♡
全不叫			

北家的 3♠是斯普林特，表示有加叫 4♡的充足实力并且至多有一张黑桃。你以 4♡止叫，西家首攻♠A 续攻小黑桃。你准备如何做庄？

敌方的防守击中了要害。例如，如果西家转攻单张方块。你以♢A 吃住后清三轮将牌。随后通过将吃树立方块套，然后再用第四张将牌进入明手。那么在目前局势下，你如何应对呢？

你将吃第二轮黑桃后以♡A 清一轮将牌。如果清两轮将牌，你就打宕了定约！因而你应该选择兑现♢A 和♢K。如果方块是 3–2 分布，你就转而清将牌，并且在将牌同样 3–2 分布的情况下以超一完成定约。

当牌张如上所示，西家将吃第二轮方块。由于持三张将牌将吃，他无法打宕定约。如果西家续攻第三轮黑桃，明手以倒数第二张将牌将吃。用♡K 将吃一次方块从而树立起方块套，调将进入明手，与此同时清光防守方的最后两张将牌。兑现方块赢墩即可完成定约。

解答30

	♠8 6 ♡10 9 7 3 ◇9 7 5 4 3 ♣8 3	
♠Q 5 4 ♡8 ◇J 8 6 2 ♣K Q J 9 5	N W E S	♠9 3 ♡J 5 4 2 ◇K Q 10 ♣7 6 4 2
	♠A K J 10 7 2 ♡A K Q 6 ◇A ♣A 10	

西	北	东	南
			2♣
不叫	2◇	不叫	2♠
不叫	2NT	不叫	3♡
不叫	4♡	不叫	6♡
全不叫			

防守你的6♡西家首攻♣K。暗手以♣A吃住后兑现♡A。西家跟出♡8，显露出不祥的征兆。你准备如何做庄？

西家的♡8很可能是单张，于是你解封明手的♡7。这种未雨绸缪的打法，为最终可能的以♡6飞牌铺平了道路。你继续兑现♡K，西家告缺，垫掉一张梅花。你再次解封明手的♡9随后你的任务是树立黑桃。你兑现♠A和♠K，两个防家都跟牌。当你出第三轮黑桃时，西家跟出所缺的♠Q。现在应该怎么办？

明手将吃完全没有任何作用。你很清楚东家可以超将吃，随后兑现一墩梅花。因而你只能垫掉明手的梅花。将注定失败的黑桃将吃转化为安全的梅花将吃。我们假设西家找到了最有威胁的方块转攻。暗手以◇A吃进，目前的残局形式如下所示：

♠—
♡10 3
◇9 7 5 4
♣—

西		东
♠—		♠—
♡—	N W E S	♡J 5
◇J 8 6		◇Q
♣Q J 9		♣7 4 2

♠10 7 2
♡Q 6
◇—
♣10

请记下整个打牌过程,然后寄给当地报纸的桥牌作家。明手以♡**10** 将吃梅花输墩,这是你在将牌花色的第三次解封！明手引♡**3** 到暗手的♡**6**,清光东家的最后一张将牌,声称定约。

如果将牌是恶劣分布，的确存在这门花色出现阻塞的危险。为了避免阻塞,本例展示了两个相关技巧:跟出不必要的大将牌;用不必要的大将牌将吃。

解答 31

	♠5 3 2 ♡2 ◇A Q J 9 7 6 2 ♣10 4		
♠10 9 ♡K 10 9 5 3 ◇K 10 4 ♣Q 5 3	N W E S		♠8 7 6 4 ♡Q J 8 7 ◇8 5 3 ♣J 9
	♠A K Q J ♡A 6 4 ◇— ♣A K 8 7 6 2		

西	北	东	南
			1♣
不叫	1◇	不叫	2♠
不叫	3◇	不叫	3♡
不叫	3♠	不叫	6♠
全不叫			

寄希望从黑花色上得到足够的赢墩，你直接跳叫 6♠。西家首攻♠10 后，完成定约的最安全打法是什么？

如果你准备将吃梅花，肯定会遇到大麻烦。假设你立刻将吃，东家超将吃后回攻将牌，从而去掉明手的最后一张将牌。由于不能将吃红心并且明手没有桥引兑现◇A，定约最终宕二。假设你将吃红心，兑现◇A 垫掉最后一张红心，然后将吃梅花。东家拒绝超将吃，而你只能通过将吃方块回到暗手(以便调将牌)。现在你已经失去了将牌控制，定约要宕好几墩。

致胜的做庄路线非常简单，只要你能注意到。由于无论如何必须要求梅花是 3–2 分布，你应该在第二墩让送一墩梅花！假设防守方续攻第二轮将牌。暗手吃住，让明手将吃一次红心，用◇A 垫掉另外一张红心。此时你可以通过第二轮梅花回到暗手，清光防守方的将牌。

解答 32

	北	
	♠A Q 7 5 4 2 ♡A J 8 3 2 ◇J ♣A	
西 ♠J 10 9 ♡K 4 ◇A 9 7 6 ♣K J 10 7	N W E S	东 ♠3 ♡Q 10 9 6 5 ◇K 8 4 2 ♣9 4 2
	♠K 8 6 ♡7 ◇Q 10 5 3 ♣Q 8 6 5 3	

西	北	东	南
1♣	2♣*	不叫	2♠
不叫	3♠	不叫	4♠
全不叫			

同伴的迈克尔斯扣叫显示两门高花有长度，你叫到 4♠。西家首攻♠J，你准备如何做庄？

看上去让南家将吃两次红心是很自然的打法。如果采取这条路线，红心的 5–2 分布就将打宕定约。西家可以超将吃第三轮红心，而你最终只能得到 9 墩。更好的打法是只将吃一次红心，建立起一墩方块，从而得到完成定约所需的 10 墩。

明手吃住将牌首攻后引◇J。如果东家以◇K 吃住，你可以在下一轮对西家的◇A 进行将吃飞牌。我们假设东家没有上大牌，西家以◇A 吃进第一轮方块。他续攻第二轮将牌，东家告缺。暗手的♠K 吃进这一墩，然后出◇Q 到东家的◇K。东家没有将牌，很可能回攻梅花到明手的单张♣A。利用将吃红心回到暗手，并且用已经建立的◇10 垫掉一张红心。随后你可以将吃低花进入明手，清光西家的最后一张将牌。你可以吃到 6 墩将牌，一墩红心将吃，三门边花各有一个大牌赢墩。

习题33

♠—
♡8 3 2
◇9 7 4 2
♣A K Q 10 3 2

首攻♠K　　N W E S

♠10 8 4 2
♡A 10 6
◇A K Q 5
♣J 6

西	北	东	南
			1◇
2♠	3♣	3♠	不叫
不叫	5◇	不叫	6◇
全不叫			

西家首攻♠K。你如何确保安全地完成定约？

习题 34

♠A 8 4
♡7 5 4
◇9 8 4 2
♣A K 2

首攻♣J

♠K 7 5 2
♡A K Q J 2
◇A 5
♣Q 7

西	北	东	南
			1♡
不叫	2◇	不叫	2♠
不叫	3♡	不叫	4◇
不叫	6♡	全不叫	

西家首攻♣J，你准备如何做庄？

习题 35

	♠8 7 3 ♡A 9 5 ◇K 10 5 3 ♣A 9 7	
首攻♠2	W N E S	
	♠A K 5 ♡K 7 3 ◇Q 7 4 2 ♣K Q 2	

西	北	东	南
			1NT
不叫	3NT	全不叫	

防守 3NT 西家首攻♠2。你准备如何做庄？

习题36

♠7 5 4
♡A 10 3
◇Q 9 4
♣A 9 7 2

首攻♣4

♠K Q J 10 9 6 3
♡—
◇A J 10 2
♣K J

西	北	东	南
4♡	不叫	不叫	4♠
不叫	5♣	不叫	5◇
不叫	6♠	全不叫	

防守6♠西家首攻♣4。你准备如何做庄？

解答33

	♠— ♡8 3 2 ◇9 7 4 2 ♣A K Q 10 3 2		
♠K Q J 7 5 3 ♡Q 7 ◇J 10 6 3 ♣7	N W E S	♠A 9 6 ♡K J 9 5 4 ◇8 ♣9 8 5 4	
	♠10 8 4 2 ♡A 10 6 ◇A K Q 5 ♣J 6		

西	北	东	南
			1◇
2♠	3♣	3♠	不叫
不叫	5◇	不叫	6◇
全不叫			

东西方的叫牌清晰地显示明手的黑桃是短套，于是你勇敢地叫到满贯。西家首攻♠K，你看到联手叫到了极佳的定约。你如何确保安全地做成定约？

假设将吃首攻后你兑现两轮将牌，揭示了这门花色有一个输墩，但此时你再也无法完成定约。你可以将吃另外一张黑桃，回到暗手再清第三轮将牌，但西家可以在你兑现梅花赢墩时将吃，而你此时还有输墩尚未解决。

由于可以承受将牌4–1分布，你应该使用安全打法——在第二墩让送一轮将牌，而这种打法对做成定约没有任何损害。随后吃住回攻，将吃另外一次黑桃，清光剩下的将牌。剩下的唯一工作是兑现明手的梅花长套，暗手垫掉两个黑桃和两个红心输墩。总共得到12墩！

首攻红心可以打宕定约，但这样的首攻很难发现。如果西家首攻单张梅花你又将如何做庄？

首攻梅花后的做庄路线类似于双明手。你必须以♣J 吃住首攻,立刻将吃一次黑桃。随后你必须忍让一轮将牌。由于你无法承受让东家上手(给西家将吃梅花),你必须引◇9！只有西家可以吃到这一墩,因而定约是安全的。但对任何理智的庄家来说,他们肯定会寄希望将牌是 3–2 分布。

解答 34

	♠A 8 4 ♡7 5 4 ◇9 8 4 2 ♣A K 2	
♠Q 10 9 3 ♡9 8 3 ◇Q 10 6 ♣J 10 9	N W E S	♠J 6 ♡10 6 ◇K J 7 3 ♣8 6 5 4 3
	♠K 7 5 2 ♡A K Q J 2 ◇A 5 ♣Q 7	

西	北	东	南
			1♡
不叫	2◇	不叫	2♠
不叫	3♡	不叫	4◇
不叫	6♡	全不叫	

你不喜欢北家的 6♡ 叫品?但最好不要对此妄加评论。或许他对你的 6♡ 做庄路线同样不满意！西家首攻♣J 你准备如何做庄?

完成定约的基本机会是黑桃 3–3 分布。你是否注意到还有额外机会?尝试让明手将吃第四轮黑桃?如果一个防家持双张黑桃同时只有两张将牌时,这种打法是可行的。在将吃黑桃之前你必须清两轮将牌,这样就消除了他超将吃的能力。你如何安排做庄路线,以便利用这个额外的机会?

假设你兑现两轮将牌然后兑现♠A 和♠K，再打第三轮黑桃，发现这门花色是 4–2 分布。这种打法很成问题。吃进第三轮黑桃的防家，要么可以清掉明手的最后一张将牌，要么可以续攻黑桃让同伴将吃。

为了完成定约，必须更为合理地安排做庄路线。你应该清一轮将牌，然后让送一轮黑桃。归根到底，你总要输掉一墩黑桃，因而在敌方的回攻没有任何损害的情况下，及时让送一墩是非常合理的（他们无法去掉明手的最后一张将牌）。

吃住回攻后清第二轮将牌，也就是说，如果敌方没有回攻将牌，那么就由你完成这项工作。下一步是兑现♠A 和♠K。如果黑桃原本是 3–3 分布，你只需清光最后一张将牌然后声称定约。如果实际牌张分布如上所示，你就获得了“额外机会”。东家只有两张黑桃，但没有将吃或超将吃的机会，因为他只有两张将牌。利用明手的最后一张将牌将吃第四轮黑桃，然后回到暗手清光最后一张将牌。利用第三轮梅花赢墩垫掉暗手的方块输墩。（在你让送黑桃后如果防守方转攻方块，你就需要兑现♣A 和♣K 垫掉方块输墩。随后你可以将吃方块回到暗手。）

解答35

	北	
	♠8 7 3 ♡A 9 5 ◇K 10 5 3 ♣A 9 7	
♠Q 10 4 2 ♡Q 10 8 2 ◇8 ♣10 8 6 3	N W E S	♠J 9 6 ♡J 6 4 ◇A J 9 6 ♣J 5 4
	♠A K 5 ♡K 7 3 ◇Q 7 4 2 ♣K Q 2	

西	北	东	南
			1NT
不叫	3NT	全不叫	

防守 3NT 西家首攻♠2。你准备如何做庄、

你有七个顶张赢墩,因而你必须从方块上发展两个赢墩才能得到 9 墩牌。持这样的方块结构,什么样的打法可以安全得到两墩?

吃住黑桃首攻后,你应该对着明手的◇K 引小牌。如果东家吃进后回攻黑桃,你可以忍让一轮,吃进第三轮黑桃。用梅花进入明手,对着暗手引小方块。如果东家放小,你计划用◇7 飞牌;如果东家告缺,暗手就上◇Q(随后对着◇10 出牌)。无论是哪种分布,你都可以得到完成定约所需的两个赢墩。

如果◇K 吃到第一轮方块,你又将如何应对?你同样对着暗手出第二轮方块,准备盖上东家跟出的牌张;如果东家告缺,暗手就上◇Q。采用这种方式,你至少可以吃到两墩方块,除非东家持有◇AJ98(6)。

这种安全打法与 A-J-×-×对着 K-9-×-×需要吃到三墩非常类似。同样,你首先兑现有较好中间张一手的大牌。我们在前面的牌例已经看到,你应该首先兑现 A,然后对着另外一手出牌,计划用 9 飞牌,除非防守方在第二轮告缺。

解答 36

♠7 5 4
♡A 10 3
◇Q 9 4
♣A 9 7 2

♠8 2
♡K Q J 8 7 5 4 2
◇7 5
♣4

♠A
♡9 6
◇K 8 6 3
♣Q 10 8 6 5 3

♠K Q J 10 9 6 3
♡—
◇A J 10 2
♣K J

西	北	东	南
4♡	不叫	不叫	**4♠**
不叫	**5♣**	不叫	**5**◇
不叫	**6♠**	全不叫	

防守你的 **6♠** 西家首攻 **♣4**。你准备如何做庄？

几乎可以确定首攻是单张。假设暗手吃住首攻后调将牌。东家吃进肯定要给同伴将吃梅花。因而你应该用明手的 **♣A** 吃住首攻，然后用♡**A** 垫掉暗手的另外一张梅花。现在如何继续？

你必须寄希望东家持◇**K**。假设你现在引◇**Q**，希望诱使东家盖上大牌。如果东家的确盖上◇**K**，那么定约安然无恙。但假如东家忍让◇**K**，定约就再也无法完成。此时继续方块飞牌，那么当东家以 **♠A** 上手后，他将给同伴将吃第三轮方块。

假设第一轮方块飞牌之后你开始调将牌，准备最终以 **♠7** 进入明手。但由于此时暗手还剩下◇**A-J-10**，因而第二轮方块是暗手掌握出牌权，你再也无法擒住东家的◇**K**。

你最好寄希望于将牌是 **2-1** 分布，在西家首攻边花单张的情况下，这种分布很有可能。利用♡**A** 垫掉暗手受到威胁的梅花后，你调将牌，西家以单张 **♠A** 吃进。大将吃东家回攻的梅花，再调第二轮将牌。现在你利用♠7 进入明手,在第一轮方块引◇9。当东家放小,你可以再引◇Q 重复飞牌,暗手跟出◇10。最终你吃到四墩方块,顺利完成定约。

后　记

你是否认为安全打法是一个很轻松的专题？如果你的回答是否定的，对此我们绝对不会感到惊奇。桥牌就是乐趣，艰苦的努力，喜悦和悲痛欲绝的奇妙混合体。没错，你说得完全正确，它与婚姻非常类似！无论何时，只有通过艰苦的努力，你才能给自己增加 5% 的额外机会。然而，只要更为频繁地尝试，你就发现自己可以信手拈来地找到最佳打法。如果在桥牌杂志或者书籍上看到过特定的局势，在实战中你就无需花费大量的精力。对安全打法中的单套打法而言，情况更是如此。但是，如果参加桥牌的顶级比赛也是如此简单，那么你绝对不会从中感受到太大的乐趣。

阅读类似本书这样的丛书，你预期应该从中获得什么收益呢？如果有些安全打法对你是陌生的，那么你立刻就掌握了相应的技巧。通过实战中加以运用，相比以前你肯定可以完成更多的定约。也许，更为重要的一点是，你可以像解答书本上的习题那样对待实战的牌局。“西家首攻◇Q，你准备如何做庄？”当下次参加正式比赛并且叫到极为出色的 6♣，西家首攻◇Q 后你就可以问自己这样的问题。针对每一个牌局，你都要强迫自己花一些时间统筹全盘的做庄计划。或许远远超出你的预期，你花费的额外努力将获取丰硕的回报。

后记